一个人,
无论看上去多么孤立,
绝不是无缘无故来到这个世界上。

家永远是我们无法回避的话题。
触摸原生家庭的痛,
唤醒内心的温柔与力量。

学业压力
贫穷 校园霸凌 离婚 焦虑
丧偶式育儿 自杀 抑郁 死亡 啃老
低欲望 暴力 **一个家庭的故事，** 养老 冷漠
抛弃 **包括一个人生活的一切。** 少年犯

接纳 家庭动力 搅动 平衡 生态系统 觉察
触动 家庭重塑 模式 介入 自立
同样爱子女的父亲 尊重意愿 循环 渴望 相信
守望 信任 尊重 贫穷
成长 呵护

团士郎的家庭治疗漫画丛书

丛书主编
吉沅洪

相互牵引的家庭关系

父母和子女

[日] 团士郎 ◎ 著
陈婷婷　刘　强 ◎ 编译

华东师范大学出版社
·上海·

图书在版编目（CIP）数据

相互牵引的家庭关系. 父母和子女 /（日）团士郎著；（日）团士郎绘图；陈婷婷，刘强编译. -- 上海：华东师范大学出版社，2021
（团士郎的家庭治疗漫画丛书）
ISBN 978-7-5760-1590-4

Ⅰ. ①相… Ⅱ. ①团… ②陈… ③刘… Ⅲ. ①家庭关系 – 通俗读物 Ⅳ. ① C913.11-49

中国版本图书馆 CIP 数据核字 (2021) 第 065439 号

团士郎的家庭治疗漫画丛书

相互牵引的家庭关系·父母和子女

丛书主编　吉沅洪	印　刷　者　上海昌鑫龙印务有限公司
著　　者　团士郎	开　　本　889×1194 32 开
绘　　图　团士郎	印　　张　7.75
编　　译　陈婷婷　刘强	字　　数　196 千字
特约审读　王杉	插　　页　2
责任编辑　刘佳	版　　次　2021 年 8 月第 1 版
责任校对　李琳琳	印　　次　2021 年 8 月第 1 次
装帧设计　卢晓红	书　　号　ISBN 978-7-5760-1590-4
	定　　价　52.00 元

出版发行　华东师范大学出版社
社　　址　上海市中山北路 3663 号
邮　　编　200062
网　　址　www.ecnupress.com.cn
电　　话　021-60821666
行政传真　021-62572105
客服电话　021-62865537
门市（邮购）电话　021-62869887
地　　址　上海市中山北路 3663 号
　　　　　华东师范大学校内先锋路口
网　　店　http://hdsdcbs.tmall.com/

出版人　王焰

（如发现本版图书有印订质量问题，请寄回本社客服中心调换或电话 021-62865537 联系）

致读者

2019 年 8 月，我有缘参加了在苏州举办的"第七届中国表达艺术心理疗法国际学术研讨会"。在会场走廊上，主办方将我在日本出版的漫画丛书《树荫物语》中的 6 个作品进行了展示。非常感谢当时观看了这些漫画的读者，也感谢把它们推荐给出版社编辑的吉沅洪老师。这些展出的漫画才得以和中国的读者见面。

我曾担心过日本家庭的这些日常心理活动能否真切地传达给中国读者，但最后我打消了这份担忧。我看过中国电影里出现的家庭，虽然我们来自不同的国家，或许文化背景不相同，但究其根本，在人性上，我们是一样的。

无论在世界的哪个角落，父母都疼爱着子女，盼望着子女能茁壮成长。我们生活的时代不总是好的时代，就算是处于苦难的时期，家庭还是要在那时那刻那里继续过下去。也正因这样，才创造了我们当下的生活。

当然，现在并非终点，接下来家庭也会步履不停地前进。我想那时又会诞生新的故事吧！那些交给下一代人记录就好。

现在要与大家见面的这些故事是我记录下的发生于 20 世纪后半期至 21 世纪当下的家庭物语。

于 2021 年 5 月 28 日

细菌小子

　　细菌小子是我的另一只眼睛,会在有人讲话时,开玩笑似的泼个冷水说:"其实也没有那样吧!"

　　让自己能拥有细菌小子那样看待事物的眼睛是一种能力。

团老师

现任工作室 D.A.N 主持人。从事家庭心理临床工作五十多年，同时也以专业漫画家的身份开展工作五十多年。正因为这两份工作经验的融合，才有了这些作品的出现，出版多本漫画书。现在正细细品味这开花结果的幸运和喜悦。

丛书总序

家永远是人类最为依靠的港湾。记得团士郎老师说过这样一句话"无论是一个看上去多么孤立的人,他/她绝不是无缘无故地来到这个世界的,一定有人把他/她带到这个世上,并抚养了他/她",而这就是家庭。

团士郎老师是一位传奇式的人物,他有许多故事。团老师并未追求过学位或资格考试,自同志社大学文学部心理学专业本科毕业即就职于京都府儿童相谈所,一直兢兢业业地在第一线从事着家庭治疗的临床实务工作。在儿童相谈所工作了25年之后,于2001年被立命馆大学聘为研究生院教授,这意味着团教授的家庭治疗心理临床实务得到了极高的评价与高度的专业认可。在近半个世纪的从业生涯中,团老师以家庭关系为线索,一直给遭遇家庭虐待、学校霸凌、罹患抑郁症的家庭心理援助,直到今天他依然在自己的工作室接待着来访者。

自2011年3月11日东日本地震之后,团教授每年都去灾区办漫画展,并从《树荫物语》中选出五六个新故事编成一个小册子,印刷一万册,免费提供给许多人。在团老师的漫画中,故事和人物不一定与灾难有关,而是发生在他的心理咨询实务中的真实故事,有的还是他自己家庭中发生的事情。团教授静静地说:"通过别人的故事,可以温柔地融化那些因严酷经历而变得坚硬的人心,并唤醒他们自己的内心故事。"

在团老师的漫画中,没有强调起源或结局。在不强加信息的情况下,他希望能在读者的脑海中留下一些东西,哪怕只是一点点。团老师相信,一件作品如果吸引了偶然路过的读者的眼球,就可能会点亮这个人心中的一盏小灯，引发他或她的处境发生改变。这样的润物细无声的工作方式让我倍增敬意。

没有人喜欢被说教，没有人喜欢被教导该怎么做。说教的人大多执着于自己理论的正确性，但对于需要援助的人来说，他们大多对理论并不感兴趣，而是处于自身特定的境遇中希望追寻到转变的可能。因此，我们需要去帮助他们思考，进而基于大家自身的思考去觉察属于自己的领悟。因为人容易坦然接受自己内心的领悟，并愿意为此做出改变，单纯来自外部的说教或是简单的知识教育是无法达到这样的效果的。

家是一个情绪单位。团老师一直专注于家庭的存在，他一直把家庭作为一个系统来关注，并通过家庭关系去寻找解决问题的线索。他说："一个家庭的故事包括一个人生活的一切。"

在"第一件事"的漫画中，团老师讲述了这样一个故事：

这是一个因为儿子的问题行为来咨询的个案。妈妈离家出走以后，爸爸一个人照顾着上中学的儿子、读高中的姐姐和上小学的妹妹，为他们做饭、洗衣。这个爸爸看上去有点土气，但却是个很本分的人。之前是公交司机的他，现在在车库做管理工作。可能是因为爸爸的严肃而且少言寡语，跟孩子们有点疏远。

团老师在家庭治疗中没有谈及儿子的问题行为，而是给每个孩子铅笔和纸，然后对他们说："对于家庭来说，一定会有很多烦恼和想要解决的事。现在，请想出三件你担心的，或是想要解决的事情，并写在纸上。"姐姐和妹妹在回答第一件事情的时候，都不约而同地说："我担心爸爸工作的时候出事故。"这个时候，儿子一脸惊讶地说："我也一样。"听到孩子们的分享后，这个爸爸有些惊讶，不好意思地笑了起来。一周之后，奇迹发生了,这个男孩开始收敛自己的问题行为,并准备起了升学考试。

这个家庭治疗的成功之处在于,在咨询师的带领下,这个家庭开始关注所拥有的,而不是只看到已失去的。团老师说:"即使在同样的情况下,如果你以不同的方式去看待,你就可以看到光明。"

在团老师的漫画作品中还有很多这样日常生活中让人动容的故事。比如,一位残疾妇女变得能够与她的家人谈论她的问题了;一位父亲分享了他儿子高中入学考试时的挫折感等等。

团老师自己养育了三个孩子,在他的漫画作品中也有一些是他自己家里发生的故事,他真诚地跟我们分享他的养育经验。比如说他每周一定会抽出一天,按时下班去超市采购并给全家做一顿晚饭;会带着孩子两个人去国外旅游长见识;会让还是小学生的孩子在暑假自己组织和小伙伴们出外旅游,由孩子自己制订计划、准备行李、管理金钱。而在他们成年后,团老师的儿子们也继承了这一传统。

在"撤退"的漫画中,团老师讲述了自己的一个故事:

"在儿子们还很小的时候,一个夏天,我买了一艘橡皮船。

我兴致勃勃地马上就带着两个孩子去下水。让两个孩子坐上船后,我把橡皮船推到了河中间。随后自己也坐了进去,将桨安装在挂钩上,开始划船。那个时候才意识到我想象的划船是在静止的水面上的,但在真实的河流中并不是这个样子——于是船完全不受控制,父子三人只能被水流冲着走。船被推到了水流中间突起的岩石上,触礁了。孩子们惊恐得脸色都变了,以为自己要被甩出去了。我也突然觉得害怕起来,如果两个儿子同时被冲走了的话,要怎么救他们呢?那是一种从未想过的恐惧。

我做出了决断:我们不划了。站在只有腰高的水流中,一个个地把孩子们安全地接到了沙洲上。在这个时候,我第一次学会了撤退。

在回家的路上,我在心底想着:孩子们都安全没事真是太好了。然后我们共同感受着这样的心情,慢慢成为真正的父子!"

坚不可摧的父子亲情纽带就这样形成了。成长有时候不一定是永不停歇地前进,也可能是一次勇敢的后退。勇敢的后退也是为了更好的下一个前进和成长。

我于2012年春天就职于立命馆大学,有缘与团教授成为了同事。曾经有一次开玩笑地问团老师:"您是漫画家,又是家庭治疗师,您觉得哪个身份对您来说感觉更舒服呢?"团老师秒答:"都很舒服,都很有趣!"于是我又问:"两个身份各占百分比多少呢?"团教授又秒答:"各占50%!"然后他哈哈大笑起来。我想正因为这样,团老师才能把漫画和家庭治疗结合得如此完美吧。

希望每一位读者都可以从这一个个的家庭故事中获得感动、获得觉察,成为更好的家庭一员,也成为更好的自己。

吉沅洪
写于2021年紫阳花盛开时

目录

第一章
父母对子女　　　12

01	陪同的人	14
02	再一次	24
03	由谁	34
04	退货	44
05	过分溺爱反害人	54
06	被逼到绝境	62
07	谁的课题	72
08	谁也没来	82

09	母亲与孩子	92
10	补习班母亲	102
11	刺青	112
12	三千里	122
13	快递运单	132

第二章
辛苦且孤独的母亲们 **142**

01 利害一致 144
02 谁的虐待？ 154
03 不甘心的泪水 164
04 还有5% 174
05 事件 184

第三章
同样深爱子女的父亲们 **194**

01 蜂房 196
02 人行道上 206
03 饭桌的记忆 216
04 相信 226
05 告知的时候 234

后记 **244**

第一章

父母对子女

在这个教育竞争激烈的时代，父母容易呈现两极分化：有的父母能够适当调整对孩子的教育；而有的父母或是过度地溺爱孩子，或是将自己的想法一味地强加给孩子，这都阻碍了孩子的发展。有句话说："为人父母是一场修行。"

确实如此，父母在孩子刚出生时，怕其磕着碰着，恨不得捧在手心；孩子上学之后，父母开始烦恼孩子的学业；再到后来，孩子长大要离家自立了，又担心他能否独自面对这个社会。在这个过程中，父母能做的好像越来越少，有时候也许只能在背后全力支持孩子的选择。

01 陪同的人

在这个教育竞争激烈的时代,父母容易呈现两极分化。

医院的候诊室里有病人,也有很多陪同的人。

我曾认为儿童的旁边有母亲陪同,是件很寻常的事。

但好像到处都开始一点点发生了变化。这是我在家庭咨询现场体会到的真实感受。

一般来说,请父母一起来咨询室,几乎不用费心。

但在以前,让父亲也一起到咨询室,是非常困难的。

受到"母亲负责育儿,父亲负责赚钱"这样的角色分工意识的强烈影响,"母子同行咨询"被认为是理所当然。

最近二十年来,父母双方都到现场咨询的情况并不少见了。

听校医说过这样一件事：一个初中生在学校受伤了。

因为我妈妈容易感到焦虑。

为什么？

不要通知我妈妈！

疼疼疼……

虽然伤情并不严重，但校医还是打算立刻联系她的母亲。

非常困惑，这到底是怎样一种顾虑。

被自己的女儿这样说的母亲是冷漠,还是怕麻烦?或是怯懦呢?

恐怕这几种猜测都有可能吧!

就算电话联系上了母亲,母亲的回复也显得漠不关心……

母亲本人绝不露面,像是和自己无关似的,让别人帮着处理女儿的事。

有一个精神科医生讲过一件事：有次，一个孩子独自来看病。细问下来，竟然是孩子母亲让他自己来。这种情况在以前，是想都想不到的。

孩子看完医生，拿了药回来后，母亲才开始照顾孩子。

"就算我跟去了，我又不是医生，我又做不了什么，不是吗？"情况似乎确实是这样。

但是另一方面，也有一些母亲会每天陪孩子上学。

每个小学应该都有母子共同上学的现象。

有的家长还会干涉班主任的工作。

不登校*倾向的人,或因生病虚弱,或因无法母子分离等,有各种各样的理由。

---

* 译者注:不登校(school non-attendance)引用日本文科省的定义,指的是一年内持续缺席学校30日及以上,由于一些心理、身体或是社会方面的原因,除去因为生病和经济紧张等情况,不上学或者想上学却无法上学的状况的人。

媒体沉迷于为这样的父母取绰号,如"投诉狂魔""魔鬼父母"等,然后进行嘲讽。

由于父母总是提出意见,整个社会都在感叹:最近的父母真是……

当然并非所有的父母都这样。

也有很多人为了孩子将来可以有所成就，努力了解做父母需要具备的智慧并付诸行动。

社会有分层，父母也呈两极分化，分为合适的和不合适的。

教育过度或缺失都不合适。

不合适的做法不仅会消耗父母的精力，还会让父母失去与子女紧密联系的机会。

危机就是机会。　　　　明明本来是那样的呢!

　　我一直认为生病或纠葛,会因为处理方式的不同,使得它不仅仅招致不幸……

02 再一次

失去重要东西的时候,孩子和大人一样,
需要恢复的时间。

由于少年棒球的明星球队发生了死亡事故，教练被问责，球队也解散了。

大个子的4号种子选手提出来要在炎炎烈日下跑步，其余队员也响应了他的提议。

在事故发生前一天的比赛中，球队因为疏忽输给了一个明显比自己差的队伍。

教练非常严厉地施压，说这是队伍全员骄傲大意的结果。

他们跑过堤坝，在台阶上下跑，然后回到操场，接着再往堤坝跑。

感觉就像是没有尽头的特训。

虽然因为身体不适,他已在阴凉处休息,但他还是中暑了。球队叫来救护车,把他送到医院时已经晚了。

当每个人都摇摇晃晃、昏昏沉沉时,种子选手倒下了。

真是万万没想到的事故。

父母感到非常震惊和难过。

在对教练问责的审理中,他们也无法隐藏"该站在哪一边"的困惑。

想到其中遭受了最坏结果的那对父母,别的父母不知道该说些什么好。

毕竟是自己一直在支持那个导致这样结果的教练。

我朋友的儿子恰好是这个球队的正式队员。

因此,球队突然解散、从小努力奋斗的目标也丧失了,这些都远远地超出了他们的想象。

他和其中一部分孩子从小就一直练习棒球。

十一二岁的孩子们失去了人生的目标。父母深切地感受到了孩子没有了干劲的样子原来是这样的。

曾经花费在棒球上的时间和精力拿什么来填补呢?

父母开始考虑让孩子去别的球队打球,或者去有棒球社团的初中……

唯一的儿子就像没了主心骨一样,父母只能守护并祈祷着。

可是这些事儿子自己最清楚了。

不少父母自以为出于好意,会多加劝说失落的孩子。

可其实,大多时候父母的行为是因为自己无法保持沉默。

想到儿子失落的感受,她决定忍耐并默默守护儿子。

一年过去了。

现在,儿子在初中的棒球社团里,仍然每天满身是泥地追逐那个白色的棒球。

对于失去了重要东西的人来说,就算是孩子,也需要恢复的时间。

太好了……

要给耐心等待的母亲送一朵小红花。

这时,孩子不需要呵斥或激励。

但需要注意的是,等待不等于置之不理。

虽然两者表面上看起来相似,但是导致的结果是不同的。

要向不擅长的地方发起冲击哟!

应该等待的时候等待,不能逃避的时候不逃避,这就是父母需要具备的能力。

03 由谁

想要让孩子发生变化,关键不是做了什么,而是由谁来做。

这是很久以前发生的事：我接触了一位长期遭受校园霸凌的初三少年。

甚至严重到了阻止父母接受咨询的程度。

他可能是因为遭遇了很严重的校园霸凌，所以极度抗拒上学。

学校方面一年多都没察觉到霸凌事件，也有责任。

察觉到问题后,学校给出了针对处于升学时期的学生而言"最佳的方案"。

那就拜托了。

学校因为之前未能保证孩子安心专注学习的状态,所以承诺一定让少年成功升入高中。

考虑到实施欺凌的团体是初三学生,正是报考志愿的时候,与其将问题扩大,大家都没好处,还不如……学校方面做了这样的综合判断。

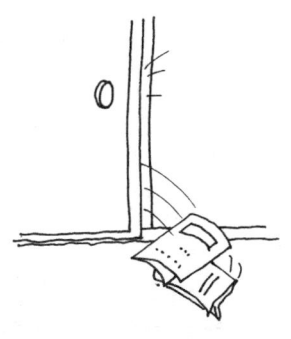

可是这个结果少年无法接受。

他很愤怒:为什么那些家伙没有受到任何责罚?事情就这样过去了!

然后,他拒绝了班主任的一切来访和建议。

在这种情况下,我和他的父母商量……

我并没有说太多,只简单建议。

考虑到如果被儿子知道了父母在咨询的事,孩子会产生抗拒,于是选择瞒着他。

我在与少年父母两周一次的会面中，听到了许多少年的表现，这些表现令我胆战心惊。

他为了复仇，在自己的房间准备了一些可以作为武器的东西，有刀子、绳子、锤子等。

他把这些给父母看，嚷着要复仇，情绪越说越激动。他还告诉父母，自己身穿运动衫，被对方叫到河边，没完没了地受到对方称之为"摔跤游戏"的欺凌。

母亲想到自己居然什么都不知道,还以为衣服是运动时弄脏的,感到后悔不已。

父母虽然极度焦虑,但不敢轻易发表意见,只是沉默地倾听着。

儿子反复责怪着母亲,并叫喊着一定要复仇,母亲对此却无话可说。

弟弟观察着一直闭门不出的哥哥的动静,会把最新的游戏光盘递进去。

父母知道自己不是有能力的人，但如果让儿子就这样初中毕业，只留下仇恨的话，儿子的人生就完了。

父母并不强迫儿子看，只是到处收集学校指南和入学申请志愿书。

于是两人开始订购一些专科学校和私立高中的介绍手册。

随意地放在那儿后，儿子好像也会偶尔翻看。

谈到这个话题时,他对上面写着的学费金额感到惊讶,忍不住感叹。

令人意外的是,看到这些他开始与父母讨论具体的升学事宜了。

全家人帮他找到了光明的未来。

几个月后,他去了一个有点远的私立高中上学。

即使学校当时帮忙的话,结果可能也差不多。

这个结果可能让他感到,就算这么惨,父母也依然爱着自己!

对孩子来说,重要的不只是为其做了什么,更重要的是这是由谁做的。

04 退货

父母和子女需要各自承担自己的期待。

最近有不登校倾向的私立高中三年级学生球太的父亲找到我。

他叹息道:"明明学校发来了警告,说毕业有点危险,但孩子本人却丝毫不在意。"

他说儿子不是蛰居族,也不是不会人际交往。儿子有喜欢的品牌,还会自己外出,去远处买东西。

可是买来的东西,儿子很快就会不喜欢。比如不喜欢衣服的原因是穿上觉得不合适,所以不想继续穿着;或者是购物时被强烈推销,无法拒绝。

谁都有这样的经验,这个时候,人一般会考虑这几种选择。

就算不太喜欢,但勉强接受。
赶紧去店里退换货。
要么干脆不穿放在一边。

可是球太的话,哪一种情况都不是。他强行找出衣服某个地方的微小瑕疵,说:"这样的话不行,我想退货。"然后让父母去退货。

与其不穿放着,那还是退掉更好,所以到目前为止一直是由父母中的一个人去退换。

我很惊讶。整个过程好像哪里偏离了。

能去买东西的孩子,应该也能去退换货。

店员的态度可能在购买和退换货时,多少有些差异。

可是他选择了什么,就意味着随之而来的结果也要自己承担。

因为球太还只是高中生,所以金钱的负担可以交给父母,但其他的事是球太自己的责任。

因为距离毕业还剩几个月,球太很难达到毕业要求的出勤率。

现在这样处理的方式难道不是在剥夺球太学习的机会吗?

只是这次来找我咨询,并非只为了买东西这件事。

父亲说球太好像受到了校园霸凌，跟社团的老师也合不来。

父亲说："我们其实为他定好了毕业后想去的专科学校，已经办好了一部分手续，也交了一部分学费了。"

我跟他确认："你们作为父母现在能想到的目标是什么？"

如果孩子能来最好，不能来的话，还是要让他明确，父母决定的目标和本人目标之间的根本区别才行。

我没发表意见，而是请这位父亲在下次来之前确认好孩子的意愿。

在下次的面谈中,球太父母说他仍然想尽早去专科学校上学,他们作为父母也想帮他完成心愿。

父母尽管担心,但对具体问题诸如哪些科目由于出勤天数不足而没能拿到学分,哪些科目还要出勤多少课时,他们却全一问三不知。

为了帮助球太顺利毕业,我为球太父母分析了他的现状,使他们进一步了解高中毕业的要求。

如何选择未来道路是儿子自己的问题,但是想要儿子在选择的道路上为自己努力也是父母的愿望。那样的话,就告诉他们请努力解决各自的问题。

第二天,父亲请假和母亲一起去了儿子的高中,向各个科目的老师确认孩子毕业需要的学分以及出勤课时。

于是父亲突然说:"这就像退货本来不是父母要做的事,对吧……"

那天晚上,父母坦诚地跟儿子说明了哪些科目还有剩余时间,而哪些科目已经是一天也不能再缺课了。因为毕业也是球太的愿望,所以讨论进行得很顺利。

学校方面也希望球太能赶快毕业，所以虽然不是很顺利，但最终让他毕业了。

然后从那年春天起，球太在选择的专科学校很有干劲地开始上学了。虽然不知道买东西的事后来变得怎么样了，但我还是认为这对父母肯定多少学到了什么。

咨询到最后，我们一次也没有讨论过是什么原因造成了现在这样的情况。

05 过分溺爱反害人

父母过于溺爱儿子,反而耽误了孩子的成长和发展。

我见过这样一对父母,他们的儿子自从高中退学以来到现在,任何关于未来的计划都没实现,也没有就业。

就这样到了三十五岁。

在升学选择中,有一种私立学校的高中特招班,有专门的考试,他参加了几场这样的考试。

他曾经是棒球少年,在同伴里脱颖而出,成绩也特别优秀,父母认为他能文能武。

最终他进入了以足球在全国出名的一所高中。

因为这所高中在棒球方面没什么名气,所以他说要踢足球。

高中有名的足球社团聚集了很多体育特长生。自认为运动全能的他也加入了。

进去以后,他马上就发现实际跟自己预期的不一样。

可是自尊不允许他轻易就说出泄气的话。

暑假前的六月末,他在练习时骨折了。

因为有初中时代就认识自己的人在,所以他觉得放弃有点没面子。

原因是他意气用事,一再勉强自己导致过度疲劳。

因为需要住院静养，所以他提前结束了这个学期，进入了暑假。

而且在学习方面，他也因为长期的缺勤，有着很大的困难。

住了将近一个月的医院之后，他仍然需要依靠拐杖生活，所以九月之后，他也没办法回到社团。

缺勤变多，低迷的状态持续到了快毕业的时候，最终他选择了退学。

那样的话，就必须提前学习英语。于是父亲就为他选了一些口碑良好的英语学校。

他又转了别的念头。

他去了几次，就开始嘀嘀咕咕起来，然后就不再去上学了。

于是父母又通过别人为他铺路。

可是这一次他却一步也没再迈出过。

麻烦了那么多人,却还是原地不动。

因为没能让儿子过上他这个年纪应该过的生活,这对父母正遭受着来自儿子的家庭暴力。

不能轻易说"百折不挠"这样的话。

---

1 译者注：达摩不倒翁代表了百折不挠的精神，它被放置在寺庙或请回家，被日本人称为吉祥物，是祈愿用的物件。这里带有讽刺的意味。

早期的误导会对孩子的未来留下很大的隐患。

这其中包含了父母价值观。不应该用社会上流行的认知来破坏孩子的人生。

06 被逼到绝境

与其抱怨自己被逼到了绝境,不如用抱怨的时间好好努力。

家里有个智力障碍的孩子。

即使如此,孩子在读书时代还是接触到了外界。

虽然父母对他很是疼爱,但却在让他接触社会这件事上表现得有些消极。

但是在义务教育结束后,就看不见他的身影了。

福利机构虽然也知道这些情况,但并没有额外提出对策。仅在他们想要申请疗育手册[1]时有过接触。

因为有疗育手册后乘坐公共交通工具有优惠。

---

1 译者注:疗育手册是都道府县的知事(政府指定城市的长官)针对智力障碍者发行的残疾人手册。

面谈后,才知道因为儿子渐渐不如从前听话,父母会在儿子爱吃的冰淇淋里投药让他吃下。

我想这不是药的问题。

在家庭里,只靠父母两人守护(儿子),就像朝着黑洞进击一样。

即使什么都没发生,大家都还是会老去。

18 岁和 49 岁所面对的问题与 38 岁和 69 岁的完全不同。

总有一天自己会变得无能为力。

这是最开始需要解决的问题。

我还见过一些父母,每当有蛰居族的青年引发事件,就会觉得不安。

变成蛰居族令人不安并不是由于发生了什么具体的事。

相反正是因为儿子的人生中什么也没发生,没有经历过,才觉得不安。

一个将近 40 岁的蛰居族儿子要求父母给他建一个租房公寓。

儿子说这样父母过世后,他就可以靠房租生活了。

如果用父亲的退休金再加上卖掉现有住宅的钱,建一个租房公寓是可能的。

也许有人会说这个儿子可真会算账,也许有人会愤怒地认为让儿子提出这样要求的父母难道不该懊悔吗?

有父母这样说。

可是这是没有意义的废话。

这些理所应当的事情就算说了也不会有任何改变。

要了解的是人到底在多大程度上能真正理解自己的内心。

不管怎么说,理解和被理解的想法会指引着自己的言语和行为。

即便如此,心里还会嘀咕,真实的想法真的没法完全同步表达出来啊!

被逼到非常紧迫的境地后,突然抱怨:"谁也不可能真正明白我!",这样的说法很天真。

有那个空闲去说这些话,不如为了让别人理解自己而去努力!

世界的色调总是有灰色地带,不是非黑即白,值得去试着努力。这样你的孩子才能在未来更好地生活。

无法调整想法的人得出的结论就是我最近时不时在报纸上看到的报道：强迫对方跟自己一起自杀。

我知道有的家长虽然没有付诸行动，但确实有过这样的想法。

但我却无法理解他们非要逞强说自己能保护孩子。

07 谁的课题

父母和子女都有各自的角色和职责。

　有位父亲为了女儿的不登校问题来咨询。

　母亲也想一同前来，但是那样的话，女儿一定会追问："你们去哪儿呢？"所以父亲这次就以上班为由来到了咨询室。

　据说初三的女儿从小学五年级的秋天开始，已经五年处于不登校的状态。

那么您想要做什么呢？

我希望她至少可以积极地去上高中，因为她一次也没参加过社团，所以最好也参加一下那样的活动……

"我不是魔法师,而且如果你是认真的话,就应该知道并不是什么都可以实现。你是认真的,对吧?可我只觉得你在开玩笑,对于已经在家呆了五年的人,你认为她会某一天突然发生改变吗?"

我在咨询中经常询问来访者的实际情况,因为如果要认真改变的话,必须有切实可行的目标。在目标设定上开玩笑的话,我会很难做。

最后,得出的结论是父母希望至少能让她高中毕业。

把目标设定为让她"从不登校初中生变成不登校高中生。"

进了高中,能不能上学就不知道了。如果只是确保上学状态的话,父母还有努力的余地。

父亲回家和母亲讨论。然后父母一起接受了第二次的咨询。

有那样的课程吗?

"老师,那么我们就找一个面向不登校高中生的课程,拜托您了!"

父母马上开始收集附近高中的信息。

然后开始看各种介绍手册,父母说女儿状态有点微妙,她把身体扭向了一边。

可是女儿慢慢地开始说："有同龄人的话，我不喜欢"或"和年龄比我大的孩子在一起的话，我可以接受"。

然后还提出了可以去上非全日制¹高中。

———

1 译者注：日本有些高中实行利用夜间或上下午的一定时间授课的制度。

在这个阶段,父母没执着于一定要让她去学校。
"如果是非全日制的话,那就报考公立高中吧……"

这时是年底,已经过了最后一次模拟考试和下一次考试的申请递交期限。

大概是因为这一想法是她自己提出的,所以之后她愿意挑战模拟考试。作为一名中考考生,她意识到了一件事。

通过班主任介绍,母亲给学校负责考试的工作人员打电话,说明了事情缘由。

后来收到了一个建议：不在本校考试，去像短期大学那样的其他考场参加考试怎么样？

第二年春天，她开始在非全日制高中上学。

后来虽然发生了很多事，但四年后，她还是以接近全勤的状态毕业了。

模拟考试前一天，她和母亲一起外出，去熟悉考场的路线。这是最近几年都没有过的外出了。

只要一部分开始启动的话，其他部分就会联动起来。

什么时候该怎样开始转动人生的齿轮呢？谁也不知道。那么，最好的准备不就是各自做好自己的事吗？

我想这个结果就是对父母为了自己的愿望而真诚地付诸行动的褒奖吧。

08 谁也没来

其实她也只是期待得到家人更多的关注和爱罢了……

杏子是一名初二的女生。

父亲是大公司的职员,母亲也在保险公司上班。

从初二第二学期开始她就一直不登校,就这样磨磨蹭蹭,一转眼就到了11月末。

高三的哥哥因为临近高考,在努力备考中。

我从她母亲那儿听说了她的状况,让她本人过来做了一下心理测试,也顺便听听她的心声。

可是当天只有母女两人来了。母亲说:"她父亲要出差,她哥哥也忙着备考学习,都无法出席,因此有什么话就由我向家人传达。"

基于心理测试的结果,我希望可以跟全家人共同谈一次话。

杏子是个非常考虑别人,很瘦弱的少女。只是我感觉她瘦得有些过度了。

我对于这点有些在意,所以想和她全家人见一见。

虽然我计划让母女一起过来,可是母亲说:"我不能每次都请假。"

最后结果是杏子一个人接受每周一次的持续咨询。

杏子倒是每周一次不缺席也不迟到地过来了。

可是有一天我发现了一件不可思议的事。

我以为这是精明的孩子想到的办法。

为了过来咨询,杏子需要坐电车和巴士,她都是买儿童票过来的。

因为她可以用(坐车)省下的钱去买些自己想要的东西。

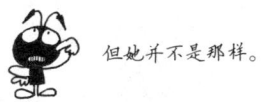 但她并不是那样。

她是因为母亲只给了她儿童票价的钱。从刚开始接受咨询就一直这样做的。

似乎经常会有人觉得刚升初中的孩子"还是可以买儿童票吧"。

但是对于马上就要初三的孩子,这个母亲这样做就有些奇怪了吧!

随后试着想了想她不登校后家人的情况。

总有一种说不出来的违和感。

父亲和哥哥好像没有因为她的事受到任何影响。

母亲虽然也陪她来了两次,但之后就去做自己的事了。

但每个人都会有想要尽情地麻烦某个人,让对方为自己担心的心情。

无论她发生了什么,家人各自的生活都没有受到影响。

孩子也经常为了想要引人注意而故意干些坏事。

因为大家都忙……

每个人每天都很忙。

不去学校,整天待在家里的杏子也许对家人无法提出任何要求。

但其实,她也是想让大家关心她的吧!

不只想要一个大家都健康的家,而且想要一个偶尔生病了自己也可以得到保护的家。

家人当中,肯定有人会因为碰壁而正痛苦着。

"想要拥有在那样的时候也能相互支持的家",我想这不就是杏子的心声吗?

09 母亲与孩子

干劲十足的母亲与离家出走的女儿……

在一个援助服务机构的研修会上,我遇到一位母亲搭话:"您还记得我吗?"

"好久不见,老师,您和以前的形象相比变了好多!"

跟她稍微讲了几句,我就记起她是谁了。

但事实上说我没怎么变的人反而非常多。

因此我想这是因为她自身状况发生了变化,从而改变了她对人的看法。

她说上高二的女儿完全没有她那个年龄该有的活力。

这是二十多年前的事了,她那时定期来找我面谈,持续了将近一年的时间。

但说实话我有些不明白:就算女儿没拥有像母亲希望的那样闪耀的青春期,那又如何呢……

我一个同事听完后感慨,不只她女儿,还有很多人的孩子也活得不是很有生气。

这是一个四口之家,有父母、姐姐、妹妹(本人)。

她的女儿后来离家出走了。

姐姐现在就读于女子大学,住在学校宿舍。

和姐姐相比,作为高中生的妹妹成绩不是很好。

父亲是个公司职员,母亲是个家庭主妇,但经常会参加社会活动。

可是母亲说不需要拘泥于成绩什么的,只希望她能活出自己。

妹妹从小就经常被母亲带着一起做特殊人群所在机构的志愿者。

但是姐姐好像总是会用各种借口逃掉。

她在电话里略微透露了自己的去处,然后在家人不在时,回来拿自己的行李。

妹妹在高二的夏天离家出走了。

父亲不知是冷静,还是漠不关心,竟然与她完全没有交流。

再没有过多交谈,她只是从自己的房间拿出需要的东西后,就离开了。

一天下午,母亲碰巧遇见了回家的女儿。

问了才知道她在一家宾馆做兼职,负责修学旅行,宾馆包住。

我无法像妈妈那样努力。

有时,她也会说出想法来。

---

1 译者注:修学旅行指的是为了使中小学生亲身体验日常生活经历不到的异地风土人情而由教师带队组织的旅行活动,一般会在学期末举行。

半年后的年末,母亲又刚好遇到突然回家的她。

因为女儿的话,父母两人感慨万千。

她说完,拿出了领带,再一次离开了家。

以上是那个母亲时隔二十年的反馈。

女儿在二十岁生了第一个孩子。现在已经是三个孩子的母亲了。

在别人看来她明明可以不用背负那么大压力,也不用如此辛劳地生活。

她高中中途退学了,据说伴侣也是一样,我想他们的生活应该很辛苦吧!

但两人还是齐心协力抚养着他们的子女。

我想父母那一代人试错的结果,就是得出了一个"这样做就好"的结论。

然后自认为是为了孩子好,就说一些"不要说不好的事""必须要毕业""不要妨碍到别人"之类的话。

 说是那么说呀!

可是不管蓝图设想得多好,那也是别人描绘的。

自己的人生路只能自己走,那样才有意义。

10 补习班母亲

不要用错误的方式教导孩子,应该变聪明的是父母。

虽然社会已经提出了很多批判,但报考热、补习班的势头,一点都没衰退。

他基本不按学校的日程行事。

幸太是小学6年级的学生。他和妈妈是当地小学有名的母子。

学校的各种活动都尽量不参加。

如果不得已要参加合唱会演,他会站在舞台上,扭过脸去,只是小小地张开嘴巴配合大家。

这对母子住在新开发的社区,邻居同他们一样,都是新搬进来的,彼此不存在排斥。

但幸太妈妈明显不喜欢左邻右舍。

因为她嫌这里是乡下。

附近的 JR[1] 车站前也有一家保过补习班的分店,但是幸太上的并不是那家。

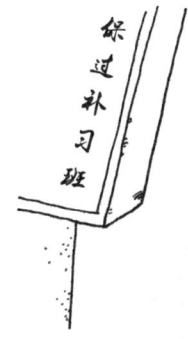

保过补习班会在全国开连锁店。她儿子从小就在这种补习班里补习。

---

1 译者注:JR(Japan Railways)是日本的大型铁路公司集团,除了经营一般铁路路线和新干线外,还经营一般公交、高速巴士及其他附属事业。与地铁和私铁归属于不同管理系统。

那位母亲嫌那个补习班聚集了一帮乡下孩子,就算是同一品牌的补习班,质量也是低下的。

因此幸太上的补习班开在相邻的都市里,开车过去需要40分钟。

下课后,如果妈妈的车已经到了校门旁边的话,幸太就会拿着书包赶紧跑出去。

前段时间，大家为了运动会一同练习时发生了一件事。

所有人下课后在操场进行接力赛交接棒的正式彩排。

正好下一个轮到幸太接棒跑。

他看到了校门前母亲的车。

于是他毫不犹豫地跑出学校。

看到这个场景,班主任哑口无言。

大家很惊讶,但也只能让已经跑完的人代替幸太跑。

但即便是按照妈妈的要求努力到了这个程度,幸太在这个大补习班里的成绩还是非常靠后。

为了赶补习班的作业，回家以后，他还要和妈妈两个人继续奋战。

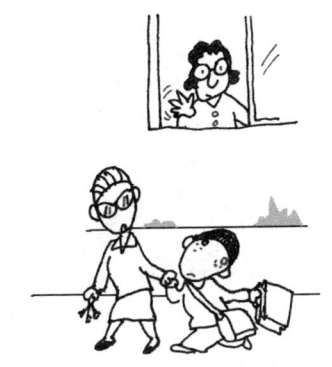

看到这个样子，比起批判这对母子，大家更多是可怜他们。

因为那些作业很难做完，他有时熬到凌晨3点才能睡觉。在教室里，他常常一整天都精神恍惚。

在深夜迎接孩子的车队中，等待孩子的她是什么心情呢？

她也不是不知道，以幸太现在的学习能力来说是无法保障未来的。

这是你一贯的主张吧！

这不是努力，而是资质决定一切的游戏。

算是吧……

不委婉地说，这样的努力是无法赢过基因的。

这个世界上，还有很多种可以让花绽放的办法。

为什么（家长）就无法明白：在这种竞争中，努力并不能战胜天赋。

聪明的父母明白这个道理,就会为了孩子而采取有针对性的措施。

然后就精疲力竭,或是被压垮了。

如果是自己父母要求的话,孩子什么事都会去做。

不要用错误的方式教导孩子,必须变聪明的是父母。

11 刺青

尽管不赞成子女走的人生道路,父母还是选择支持。

越来越多的父母主张"不要在意面子,相信孩子自己选择的路,向前就好"。

他们认为"不管实情,只提一流大学,偏差值[1]要前几位",这种想法已经落后了。

---

[1] 译者注:偏差值是指相对平均值的偏差数值,它反映的是每个人在所有考生中的水准排名。计算公式:偏差值 = 10 × (个人成绩 − 平均值)／标准偏差 + 50。

可是只有自己真的遇到了这样的状况,才明白知易行难。

听过这样一个人的故事。

根据事情和程度的不同,心情也会有所影响。

我有一个小5岁的弟弟……

在初高中一体的男校上学,但从初二开始到高一的三年间,经常请假……

母亲也会去咨询。

黑白颠倒地过日子。

弟弟只有下午一小时去上学,每天过着这样不正常的日子。

学校对弟弟不登校的行为没有帮什么忙,还认为他下午到学校会给其他学生带来恶劣的影响,要求他停止这样做。

结果父母被学校说得晕头转向。

弟弟虽然讨厌学校,但还是想要交朋友。

所以他会等待放学的时间,然后和朋友一起去玩。

可是最终,弟弟高中读了一年就退学了。

弟弟也拒绝了专科学校,每天过着浑浑噩噩无所事事的生活,整日沉浸在自己喜欢的摇滚乐队美梦里。

十八岁的一个周日,他像平常一样玩了一夜,第二天早上回到家后,他把一封信递给父母后,对他们说:"我在房间等你们。"

父母非常高兴,去到他房间……

信里写道:我只是希望你们两个人能真正地理解我现在的心情,爸爸你爱面子,妈妈又非常感性。我确实没有学历,也没有技术,也许接下来走的是一条黑暗的路,但我还是希望可以走自己的路。

他说:"因为摇滚乐队的关系,我想在胳膊上刺上刺青,作为接下来要走那条路的见证。"

父母两人讨论了一下。

对于母亲而言这是难以接受的事。

但最后,还是妥协:"作为父母,我们是不希望你刺刺青的,但既然你说那是你自己的路,我们还是选择了同意。"

这件事对母亲来说是最难受的。

但是因为这件事,弟弟和父母的亲子关系也发生了变化。

而现在弟弟一边在建筑工地打工,一边继续做他的摇滚乐队。

和哥哥相比,弟弟是差生。他仿佛一直在确认"你们(父母)是真的爱我吗?""我是重要的吗?"

父母虽然也担心，也会说弟弟这样做会让他们为难，但和亲戚说这些的时候，父母看上去却很开心。

什么都做得很好，上了大学，远离故乡的我，现在时不时会思考亲子间羁绊之深切。

12 三千里

有种深沉的喜悦叫作将话语传达给能够理解的人。

"我有个初三的女儿,名叫圭子。她经常离家出走,有时是十天,有时是两周,虽然最后会回家……"

"因为身上带着电话,所以可以联系得到,但是……"

"她哥哥现在在高考备考的紧要关头,很认真,所以我们作为父母不自觉地会更关注哥哥……"

"去了学校,朋友们也一直热衷于谈论考试、补习班。"

"虽然也有些孩子会出问题,让老师头疼。但我女儿不是那种类型的孩子。"

"也带她去参观过一些像自由学校*的学校。"

"可是,她又说这里不是她想去的地方……"

---

* 译者注:根据日本文部科学省的定义,自由学校指以接纳不登校孩子为主的教育机构和团体。

"原本就有些不登校的倾向。"

大多数人都有自己的安心之所或者可以回去的地方,无论这个地方让人感觉好或者坏。

对于孩子而言,安心之所大多是自己家,蛰居的人也大多这么想的。

以前女儿回家曾说,她被一个像流浪汉的叔叔收留了。

"我虽然满心疑惑,但还是先让她去洗澡,把身上穿的东西都扔掉。她到底在想什么呢……"

母亲无法理解圭子的事。但因为是女儿的事,所以她仍想要去理解。

"到了现在,她提出想要读高中……"

可是女儿正值妙龄,不可能不担心。

"就算是和老师商量也……"

"女儿说想读什么非全日制,可是家里又不是让她不得不工作的情况。"

"但爸爸说如果她想那么做的话,就让她那么做好了……"

"最后就变成哥哥和圭子都要准备考试了……"

"托您的福,哥哥考试通过了,现在成了K大农学系的学生。"

"我觉得很高兴,而且圭子的考试也已经放榜了。我想圭子也会通过的,因为非全日制会容易一些。"

"她去看放榜的结果后,打来了电话。"

"听上去就像在用很大的声音跟我说,她找到了她的安心之所,我很高兴……"

"明明哥哥努力地考上了更好的国立大学,可是圭子考上我却觉得更高兴。"

母亲一边说着,一边流下了眼泪。

一种是考了第一,或者获得了成功,这种大家都会高兴地祝福。

我想哥哥的结果就是谁都会觉得自豪的那种高兴。

还有一种是更深沉的喜悦,将自己的喜悦传达给了那个能懂的人。

而圭子的结果也许并非那么值得让人骄傲。

可是现在母亲却从心底觉得高兴。

想起了一个故事叫"三千里寻母"*。

然后,我想到圭子也终于和她的母亲相会了。

---

* 译者注:选自日本童话研究会翻译的意大利作家埃德蒙德·德·阿米契斯(Edmondo De Amicis)于1886年出版的《爱的教育》(*Cuore*)中的一个故事,讲的是来自意大利西北部港市热那亚的13岁男孩独自从阿彭尼诺山脉远赴美国安第斯山脉行走三千里寻找母亲的故事。

13 快递运单

一碗水该如何端平?

在乡下一个人住的母亲因为癌症晚期住院了……

给你们添麻烦了……

因为我平常总是受到父母的宠爱,所以我果断地请了看护假,回了老家。

哟!

怎么了?

因为姐姐和弟弟住得比较近,可以找时间看望母亲。

可是我住得远,所以没办法频繁地回去。

对不起啊——

母亲是一个强烈不希望年老后给子女添麻烦的人,刚开始她对让我请了假这件事,觉得很抱歉。

一问才知道她还坐大巴车去了一些所谓的 Pokkuri（极乐往生寺）[1]和供奉转利观音的寺庙[2]。

---

1 译者注：Pokkuri（极乐往生）寺可以祈愿不受痛苦折磨，快速且突然地死去，从而得以去往生极乐世界。日本很多地区都有这种性质的寺庙，比如京都的吉田寺。
2 译者注：转利观音指的是转灾为利的观音菩萨，据称只要参拜三次的话，就可以不用长期患病受苦，往生极乐。

我对母亲表示，因为决心要去照顾你，所以我是有时间的。

在病房跟母亲在一起呆了一整天，讲了很多事。也许这是第一次，我们杂七杂八讲了那么久的话。

她跟我说,她还想过自己曾希望突然死去,可是真这样的话,就没办法再见到孩子们了。

说完,两个人哈哈大笑起来。

于是躺了一周以后,她就去修改了自己的愿望。

母亲说住院以后,能和我这样慢慢地待着,她很开心。

其实我更开心……在葬礼时,我想在母亲生命的最后时刻可以那样度过,也没有什么遗憾了。

我和姐姐的年龄相差有点大,弟弟就比我小一点。

有一天,母亲说:"我来住院了,家里的事没法管,全都交给恭子(姐姐)了。她一定看到了抽屉里的东西吧?"

"你要是在意的话,我去给你拿?"我说,但母亲觉得姐姐肯定已经看到了。

我问母亲是什么东西,她说是一些装订起来的快递运单。因为母亲做事非常认真,所以即使这样的东西也都好好地保管着。

"收获时期或是时蔬季节,我都会给恭子、你、还有健太寄东西。"

"可是呀,无意间一看,寄给你的运单比恭子的多了很多。"

母亲一副真的非常担心的样子说道:"恭子会介意那些事的呀!"

有很多哟!

"那是因为我觉得你家孩子多,吃东西的量应该很大。"

"那些事,我姐不会在意的",我曾经是真的那样认为。

可是，随着看护的时间一长，我在医院和家之间往返了好几次之后，开始觉得有些勉强了。当我把看护母亲的事拜托给姐姐时，姐姐说："妈妈可是最疼你的。"

母亲去世前夕，我才发现我不了解姐姐。

然后我想母亲不仅了解姐姐，还知道我并不了解姐姐。

家人，真不可思议呀！弟弟的妻子好像也对弟弟说过："我对你姐姐还是敬而远之的。"兄弟姐妹之间相处真难呀！

其中总是会牵涉到亲情的话题。

我记得这种兄弟姐妹之间的故事已经听过好几个了。

原来如此……

有很多人诉说父母没有公平地对待兄弟姐妹。

好像人如果没有被某个人最为珍视,就无法心满意足。

然而得到的人就会忘记,可是没有得到的人,就会一直记得。

"顺利地死是很不容易的吧……"她那么嘀咕着。我默默地听着她诉说,对于很多事,我心中也感慨万千。

第二章

辛苦且孤独的母亲们

男主外，女主内是很多家庭的分工模式，具体来说就是父亲负责在外工作赚钱，母亲则承担照顾家庭和养育子女的职责。无论是普通的双亲家庭，还是没有父亲的单亲家庭，好像并没有差别，都是只有母亲独自挑起育儿的重担，并且很多母亲还需要外出工作，可育儿这部分的职责仍然没人分担，所以保持独立育儿与工作的平衡成为了这些母亲们亟待解决的一大难题。社会上很多人理所应当地认为母亲就该做好这一切，一旦孩子出现了问题，母亲是第一个被讨伐的对象，解决的办法也是母亲作出妥协，但鲜少有人会把目光聚焦于母亲的难处及其生存环境上。这些母亲们承担了很多压力，却无处倾诉，也没人商量，积压的这些消极情绪又会反弹给孩子，这样的孩子固然可怜，那孤立无援的母亲们呢？

01 利害一致

有问题的女儿身上映射出了压力过大的母亲。

家庭里会发生各种各样的事情。

曾经遇到过这样一个家庭：爸爸37岁，妈妈38岁，他们有四个孩子。

其中很多并不是预想不到的。有的事一而再，再而三的发生。

国家号召多生孩子，因此他们生了四个孩子。大女儿7岁，二女儿5岁，三女儿3岁，小儿子2岁。

我想:"连生了3个女孩吗?应该是很想要男孩子吧!"我心中涌现出了一些继承家业之类老旧的词汇。

如果是双方再婚带来的孩子,那么哪个孩子是哪方带来的呢?

也跟同事聊:"如果四个都是亲生的话,那意味着两口子都超过三十岁了,还一连要了四个孩子,这样的选择也太罕见了。"

事先思考过这些问题以后,再来听这件事的话,会更深层地去理解其背后的原因。

四个孩子都是亲生的,一家六口住在一个三线城市的郊外。

但从父亲的年龄与对应的收入来看,想要用一个人的收入去养育四个孩子,真的需要很大的勇气。

从这个家庭结构来推测,这位母亲应该没有工作,全职在家。

于是我猜这家人是个体经营户吧,或是老家在做生意,他们是继承人?所以他们一定要生个男孩出来继承家业,这才有了四个孩子,老幺终于是个男孩了。

而且考虑到有四个孩子,我就更想知道他们的居住空间了。

25岁左右在一起,两人都上班。

我试着确认了一下父母两人相识的过程,了解到他们两人是大学同学,在东京结了婚。

后来,丈夫家里提出建议,两人的情况开始有了变化。

丈夫有个哥哥，在老家继承家业。有一次，父母联系了丈夫，说他哥哥希望他能回老家帮忙。

丈夫换工作加上妻子辞职，然后搬家，这是个很大的决断。

哥哥保证为他们准备好工作和住处，问他要不要回去。

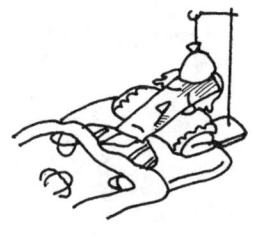

很多时候，这样的决断应该会有什么特别的理由，比如父母哪一个倒下了或哥哥病了。

但他们并没有那些理由,可能是父母想要让小儿子也回家。哥哥并不知道自己被用来当说辞了。

然后夫妻俩就回了老家,与哥哥一起帮衬家业。

妻子成了家庭主妇,以此为契机开始生孩子。

老大是女儿,现在上小学二年级,但不愿意去上学,让母亲很烦恼。

而且第四个孩子是男孩儿,全家的重心都在他身上。

大女儿出生后,妈妈又一个接一个地有了新的孩子,她不得不成为其他人的姐姐。

该去上学的大女儿仿佛退化成婴儿一样开始嘟囔起来。这是很容易理解的事。

但是不要一下子就偏向那方面的解释,尝试着从别的角度来想一想。

在不熟悉的土地上,在丈夫家人生活的地方,这个母亲的孤独感是怎样的呢?一个接一个地生孩子,是不是因为想要自己的绝对伙伴呢?

工作的地方和住所很近,就意味着不管做什么一家人都要在一起,这样的日子对母亲来说可能是难以容忍的。在生活中,育儿加上家务,还有帮衬家业必定非常辛苦,而且甚至都没有办法对别人倾诉。

在这种状况下,大女儿出了问题。看起来好像是给母亲增加了新的负担。

但是,如果说"因为孩子的事要咨询……",然后放下家里的事外出,就不会有人反对了。

在我看来,孩子或多或少都曾用过这样的方式对母亲尽孝。虽然谁都没意识到,但结果却是如此。虽然母亲拜托我尽快解决问题,但从经验来说,这样的咨询最好不要帮她们太快解决。

02 谁的虐待？

这是母亲对孩子的虐待，还是社会对母亲的虐待呢？

我结婚后很快就生了孩子。

怀老三的时候,虽然觉得很辛苦,但安慰自己丈夫总会帮着带的。而且,孩子生下来总会有办法养的。

因为觉得孩子很可爱,所以很自然地又生了老二。

就这样开始了夫妻俩和三个学龄前孩子的热闹生活。

丈夫和我都不是出生在富裕家庭,而是在普通的家庭里长大的。

我也是高中毕业后做了服装售货员。

丈夫高中毕业后,就在大公司的工厂里上班。

我们是通过别人介绍认识,然后结婚的。

当时他三十一岁,我二十六岁,应该是非常普通的结合。

变化是从丈夫收到了公司长期出差的指令开始。

养育孩子也都很顺利。

接下来一年半以上的时间里,他每月只能回家一趟。

于是就变成我一个人承担了养育三个孩子的责任,小儿子刚出生半年,还有两个四岁和六岁的孩子。

考虑到房租,也无法搬家……

但因为是出差,住的又是公司的员工宿舍,所以就不能一起搬过去。

如果是调职的话,我以为会跟丈夫一起去他工作的地方。

哥哥

我不想去上学！

因为他想要跟之前一样，和妹妹弟弟一起呆在家里。我认为这件事不能这么惯着他，所以就很严厉地对待他。

在这样的纠结中大儿子升了小学。我虽然用自己的方式在努力，可是儿子还是讨厌去学校。

早上，我有时会对在玄关吵闹磨蹭的儿子，骂一些很过分的话。

可是我那样做是因为从班主任那儿得知，儿子并不是真的讨厌上学。他去了学校后，精神十足，上课也都能跟上。

有一天，突然有几个自称是儿童相谈所[1]的人到访。

---

1 译者注：儿童相谈所是根据日本《儿童福祉法》设立的专业的儿童保护机构，各都道府县至少要设立一处，免费为被虐待儿童、特殊儿童等未满18周岁的儿童的相关事宜提供咨询。

据说他们收到了来自附近居民的举报,说我在虐待孩子!

可是偶尔才回家的丈夫却一脸疲倦地对我说:"照顾孩子的事都交给你了呀!"

是谁那样举报呢?我感觉有些混乱,但也只是一声不吭地忍着,表示之后会和丈夫试着商量。

没过多久,我被告知又有人举报我了。

到底是附近的谁那样举报我呢？想想就觉得有些可怕。

看到报纸上写着举报虐待儿童次数有两万多次时，我想其中两次就是我啊！

之后我思考了一个问题：世间的母亲们到底都是怎么样做到一个人养育孩子的呢？

可是这难道不是丈夫的上司在"*虐待母亲*"吗？

被紧逼成这样还说这都是母亲的责任,我忽然有些明白为什么越来越多的人渐渐地不再想生孩子了。如果是五个人生活的话,事情绝对不会变成现在这样。

两万多次中,和我有同样想法的母亲们在心中呐喊:"这个社会可真够不负责任的!"

03 不甘心的泪水

明明离婚后非常努力地工作养活女儿,她却还是被指责没有尽心照顾女儿。

加油，日本！团结起来，日本！

（现在）就算写了这些，会有越来越多的人看不懂吧！

那段时间，只要看到那样的广告，我就会觉得痛苦得不得了。

日本大地震刚过去，电视上在重复播放公益广告。

现在,公益广告清一色的全是"加油,日本!"

说这句话的她并不是东北地震灾区的人。

有一段无法忘怀的记忆复苏了。

大阪的小学曾发生学校供餐食物中毒致死的事故。

学校供餐就全部暂停,且没有说何时恢复。

虽然供餐被停了,但我也没有时间为女儿做便当。

当时我刚与丈夫分居,搬到新家,开始了母女两人的生活。

对不起哦!

只能每天让孩子带着面包钱去上学。

就这样有一天，我被女儿的班主任叫去。

"也有母亲辞了工作，每天给孩子做便当。"

"您不觉得可南子（我女儿）一直只吃面包很可怜吗？"

她用一种痛切的口吻说。

那个黄昏，我把工作放下，前往学校，却被班主任老师教训。

她现在处于很重要的时期呢！

老师应该是为了女儿才对我说这些话吧！

可是我那个时候为了女儿和自己，抱着必死的想法决定要离婚。

之前的我每天享受着给女儿做便当，教她做蛋糕的生活。

我曾经是家庭主妇，也没有可以依靠的娘家，离开丈夫后就开始了母女两人的生活。

因此我是在明白生活会变得艰辛的前提下做出的离婚决定。

虽然做好了心理准备,但真正变成现实后,还是觉得很辛苦。

在那样艰难的时期,还被班主任训,我感到很委屈。

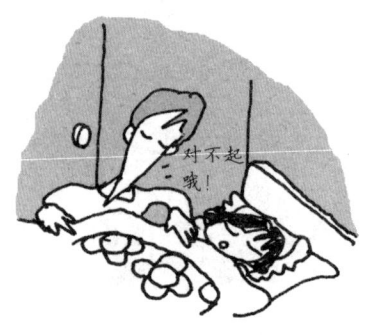

我每天都觉得女儿很可怜。

但因为事实如此,我也只能沉默地听着。

然后我想世上的人明明什么也不知道，就会说这样的话。

这样说也许很天真，但还是想要让大家理解自己。

想一想灾区的人们，和我有一样想法的人肯定到处都是。

可是我什么也没想，只是每天给了女儿面包钱。

我无法原谅会那样想的班主任。

这种不被理解带来的心灵上的伤害,原来是这样的啊!

那天从女儿学校回家路上不甘心的眼泪,我是绝对不会忘的。

距离那件事已经二十年了,女儿也长大独立了。

04 还有5%

母亲要如何维持育儿和工作的平衡?

　有位相熟的朋友在京都市内开了一家病童保育所。如果向政府申请的话，她可以领取一笔补助金，但她没有这么做。

　我问她理由，她说如果要申领补助金，那么她的病童保育所就要与医疗机构挂钩，会有很多麻烦的规矩，给使用者带来不便。而她希望能为使用者们建立最好的服务系统。

　世界上有很多制度和机构，因和自己无关，就不太关注了。

　直到自己与其有了接触，才知道它的不便。

病童保育所是指在孩子发烧或疑似患病的时候,可以替母亲照顾的托儿所。

不少母亲都有这样的经历:在单位刚上班没多久,就接到托儿所的电话。

因为需要对孩子的生命负责,所以一般的托儿所都对病童有严格的界定。

自己家的孩子发烧了,没有母亲不担心的,特别在早晨离开家时,孩子就有生病迹象。

但是另一方面，一天刚开始，工作要怎么安排呢……

虽然知道说了也没用，但对丈夫的不满不自觉地就喷涌而出。

最后装作没注意到周围人不愉快的脸色，装作没注意到我给同事增加了负担，我离开了工作单位。

这样的事反复发生时，就会渐渐怨恨起自己的丈夫。

然后，第二天早上什么问题也没解决，母亲只好载着还没退烧的孩子驶向娘家。

肯定有很多母亲会那样自言自语地发牢骚。

把握客户真正的需求很重要。

因此"请马上来接走孩子"是最主要的问题。

所以这个应对工作就由病童保育所承担下来。

病童保育所会派工作人员去接孩子。

但是病童保育所不派车去接,因为派车去会产生返程安全和人手不足的问题。

从托儿所收到消息后,母亲马上给病童保育所打电话。

工作人员骑折叠自行车去托儿所接孩子。因为病童保育所定位为社区服务,所以一般签约的孩子都在附近的托儿所。

跟母亲取得确认后,接了孩子,把自行车放进出租车的后备箱,再载上孩子一起回到病童保育所。

接了孩子后,并不是用自行车载回来。病童保育所会跟专门的出租车公司签约,接到孩子后,工作人员通知出租车公司派车到托儿所。

然后马上带孩子去签约的小儿科医生那儿就诊,接受相应的治疗。

结束后将这个过程跟母亲汇报。

母亲在处理好工作以后再赶来就好。

生病的孩子从第二天开始,直到痊愈,一直都可以呆在这里。

可租用的睡衣、尿不湿、换洗的衣服事先都有准备。也有孩子的父母事先预存了这些必备品。

现在越来越多的病童保育所与医疗机构合并。像这样做到细致的关怀的保育所数量还很少。

虽然是注册会员制,每次只签一年合约,但大多数的家庭第二年一定会续签。

其中,甚至有一对母子一次也没使用过,可是却完全没有不满。

因为口碑很好,所以签约的人数顺利地在增加。

我想原来对人援助服务的关键是最后值得深思的那 5% 呢!

无论是少子化对策,还是育儿援助,都已经进入了这样的时代呢!

05 事件

年轻的母亲为何对自己的三个孩子投毒呢?

在犯罪事件的报道中家人犯罪的情况在增多,也就是说越来越多家人以及亲近的人成为了加害者和受害者。

对已经发生的犯罪事件说三道四并非我的本意。但我会去想为什么会变成那样?难道就没有其他的选择了吗?

当事者肯定也自言自语过:
"为什么会变成这样……"

有这样的家庭。

妻子和比自己大十岁的丈夫是在职场上相遇相知的。

每天被育儿生活压迫。

她在二十四岁结了婚之后每隔三年生一个孩子,现在已经有了三个孩子。

妻子是四个兄弟姐妹中的老二。在大儿子八岁,大女儿五岁,小女儿两岁时,他们和妻子的父母住到了一起。

主要原因是无法兼顾工作和育儿,再加上经济上有困难。

放在门牌旁边避免误导

这样的生活对丈夫而言应该不会很舒服吧!

丈夫不是入赘女婿,却变成了寄居岳父母家的状态。

岳父只比他大一轮(12岁),身体也不好,所以他们生活在父母身边的日子,也并不算富裕。

同住三年后,两人离了婚,那是他们结婚的第十二年。

没有别人关心,她继续过着痛苦的日子。

因为无法和离婚的丈夫谈论孩子的抚养费问题,她独自一个人抚养了三个孩子。

然而三年半后,满9岁的小女儿死了。

接着同年秋天，15岁的大儿子也死了。

周围的人想，还会有这样痛苦的事吗？

之后，过了几年，剩下的大女儿也因濒临死亡的状态被送进医院。

检查的结果明确证实了母亲有投毒杀人未遂的嫌疑。

于是大家对小女儿和大儿子的死也产生了怀疑，报道认为这可能是以获取保险赔偿金为目的的亲生母亲杀人事件。

媒体和社会舆论都轰动了，"真是难以置信的母亲！"

听说这位母亲把孩子的保险赔偿金花在男人身上时,社会的舆论都很愤慨:"这是什么女人啊!"

她犯下的罪确实荒谬至极,不值得同情。

可是这个母亲从二十四岁开始怀孕、生产,并抚养了三个孩子,她曾和父母一起住,在三十六岁时被丈夫抛弃,却还是独自一个人努力活下来。

但是发挥一下想象力,也许就可以想象这个母亲度过的那十几年。

过着那种生活的母亲确实有满腹牢骚。但是,并不是所有人都会因为有困难就犯下同样的罪行,是的,但那些人是不是有时也会产生这种想法呢?

在痛苦中挣扎的年轻母亲没有任何助力,在她犯下罪行后,社会舆论才开始关注她,对她说三道四。

我也想像其他女性一样去享受自己的人生!

如果是你被求助,那么过着得天独厚生活的你会如何回应呢?

少子化

"因此,越来越多的人不结婚和不生孩子。"我并不想简单地下这样的判断,精明的人和聪明的人会很好地避开婚后的痛苦。但从结果来看,也许正是这些事才造成了今天这个局面。

第三章

同样深爱子女的父亲们

比起女人在怀孕期间就可以体会到自己成为了母亲，很多男人就算孩子出生了很长时间也未必就能感受到自己成为父亲。

他们好像很迟钝，看上去无论发生什么，都一副无动于衷的样子。也许他们只会在孩子受挫时默默地守护在身旁，也许他们只会偶尔为家里做一顿晚餐，也许他们并没有常常出席孩子们的很多重要时刻，但是遇到危险的时候，他们一定会挡在前面，做孩子们避风的港湾。

这些都是同样深爱子女但却总是默默行动的父亲们。

01 蜂房

筑巢的父亲和陆续离开的母亲、儿子、女儿，以及空荡荡的蜂房……

有位父亲因为虐待儿童，而惊动了周围的人。

他是一位普通的父亲。

他是一家大型连锁餐厅的厨师。

他上夜班，偶尔还会出去玩，所以独自养育子女的妻子应该感到很孤独吧！

但这位父亲并未深入思考过这些,他甚至还觉得自己的日常生活不好也不坏。

妻子告诉他,这是和宗教信仰有关的东西。

在一个休息日,他注意到家里有个奇怪的东西。

他一直认为自己和宗教无缘,所以觉得不可思议。

当他知道妻子还捐了超出想象的大笔钱之后,他非常生气。

有一天,妻子一个人离家出走了。

从那以后,夫妻二人摩擦不断。家庭多年不和睦。

日子突然就变成了父亲一个人带着小学六年级的儿子和小学三年级的女儿生活。

没办法。

之前他都是上夜班,无法一下子换成白天的工作。

儿子上了初中后,在父亲不在的晚上,开始到外面闲逛。

连续几天,直到深夜,只有孩子们自己在家度过。

父亲告诫了他,偶尔还会动手教训他。

孩子们很孤独,父亲也应付不来。

因疑似被虐待，儿子被儿童相谈所暂时保护起来，父亲也被叫了过去。

就这样，在街头被训导的儿子控告了父亲："我被父亲殴打了，不想回家。"

工作结束后已是深夜，父亲去了儿童相谈所。当被告知无法让他见儿子时，他跟工作人员吵了起来。

激动得还动了手,对方报了警。

可儿子说自己去机构[1]会更好。

妻子离开后,明明自己一个人很努力了,但想到接下来孩子要被带走,父亲还是感到后悔不已。

---

[1] 译者注:这里指儿童养护机构,是日本根据《儿童福祉法》开设的儿童福利院,收留那些没有监护人的儿童或被虐待的儿童以及因其他原因造成的无人抚养的儿童。

大儿子离开没多久，女儿的班主任也认为让小学生晚上一个人呆在家，是父亲疏于照顾、有问题的表现。班主任再次联系了儿童相谈所。

工作人员指出他现在的生活不适合养育儿女，对此他无言以对。

比儿子那时更没有反驳的余地，连女儿也……想到这儿他就受不了了，他和负责人反复争吵起来。

他想到房子的贷款要还,换工作又很难。

雇主也紧跟其后,表示他如果因为工作状态的原因,再发生纠纷的话,希望他能自己主动辞职。

所以最后只能把女儿也送进了机构。

不到两年的时间,这个家里,就剩他一个人了。

明明是为了家人在努力地筑巢,最后却只剩下了空荡荡的蜂房。

他并非认为自己这样做是正确的,可是"要怎么办才好"?这个疑问却一直无法消散。

02 人行道上

在那个时刻,默默陪伴在儿子身边的父亲觉得自己非常幸运。

二儿子说自己想报考一所有名的私立高中。

确实高中入学考试前,大家都是严阵以待,老师的指导大概是想推荐学生报考有希望录取的学校吧!

中考志愿。

班主任告诉他:"入学考试不是奥林匹克运动会,光参加拿不到名次是没有意义的。"

不许睡!

老二(即二儿子)还是很执着于自己的志愿,我告诉他:"照你自己希望的去做就好了。"

在那段时间里,我想老二在用自己的方式努力了。但是,那时大家都在为入学考试冲刺,并不是那么容易就会有回报。

考试结果的公布将会在工作日的早上十点,贴在志愿高中校内的告示板上。

终于到了考试的那天。

我心里一直猜想大概会落榜吧!所以想陪儿子一起去看考试结果的公布。

在这之前,我可是一个连学校运动会、参观教学日都不曾出席过的父亲。

老二这是第一次受到社会的评价,而且这还和他是什么样的孩子没有任何关系。

所以我想在公布结果的时刻陪着他。

我一直都以为,只要集中精力做好儿童咨询的工作,也会惠及自己的孩子。

　一直以来，问起孩子考得怎么样，他从不说一些"还可以"这样不确定的回答。他都是明确地说哪些答对了和哪些没有答对。毕竟就算"题目全部都做了"，也不代表考试就合格了。

　从车站走到学校的路上，可能是孩子心里突然想到"没准就……"之类的，他加快了步伐。我虽然没有过"没准就……"这样的想法，但是看着孩子那样，我自己也觉得"没准就……"，"难不成……"，我真是一个自己的孩子怎么看都觉得好的愚蠢父亲呢！

结果是不合格。在儿子的准考证号前后，跳过了 50 个号码以上。我猜想，大概他们同一个教室的 50 个考生都没有合格。

回去时，我们决定坐巴士回家。

我跟儿子沿着高中校园外的人行道向巴士站台走去。那个时间大概是在上体育课，老师带着一群这所学校的学生浩浩荡荡地向这边跑来。

正要在道路同侧与这群人擦身而过时,儿子却横穿马路跑到了对面的人行道上。

我也慌慌忙忙地跟着横穿了马路。

正好与一边喊着口号,一边在跑步的队伍擦身而过。

儿子看起来很落寞地嘟囔着。

是啊,这些都是通过了入学难关的学生。

自己的宝贝儿子,居然吃了高中的闭门羹。心里还有一种想大声呼喊"这到底是怎么回事"的冲动。

这是孩子自出生以来,第一次被别人拒绝。我说不出任何安慰的话,就只是跟着一起默默地品味这次的遗憾。

但我当时只是把这份心情放进心里,一起沉默着,两人走在那个离春天还很遥远的路上。

后来，儿子进入了当地的某公立高中。不知道是不是因为当时觉得非常遗憾，他在高中非常努力，大学入学考试时，他成功地考入了之前的私立高中总部的大学。这大概是成功地一雪前耻了。

但是对于我而言，一同陪孩子去看高中入学考试结果发布的那天，成为了我一生的回忆。

呼~

考试结果是合格的话，跟谁一起去都可以。但是结果不理想的时候，大概会更想一个人静静地待着吧！如果真的是一个人孤零零的话，大概也会寂寞！我觉得非常幸运的是作为父亲，我可以在那个时刻默默地陪伴在刚满十五岁的儿子身边。

03 饭桌的记忆

成为父亲的我有一段时间每周会给家人做一次晚饭。

家庭咨询的技法之一是提出这样的要求："请画一幅一家人一起做着什么的画。"

这让我想到，原来提到家人，是和晚饭相关的。

于是，大多数人会画吃饭时的场景。

二十几年前，我会每周为家人做一次晚饭，这样大概持续了一年半。

因为妻子是家庭主妇,我还被同事问过:"为什么呀?"

当时我是中间管理层的公务员,每周四那天我会准时结束工作,顺路去超市购物,然后回家做饭,一直过着这样的生活。

想着菜谱买了菜,7点准时到家。

也不是完全没觉得麻烦过,只是一想到是为了谁做的,我就觉得很开心。

之后就开始做饭,大概8点左右开饭。

如果被说"好吃",那心情就会很好。

不久,"爸爸做饭日"这样的说法就固定了下来。

因为是日常的一天,并没有做什么"男人豪爽料理"。

当然我的主张是要做得和妻子不一样。

餐费也必须遵守家里的预算限度。

一说"吃饭啦"，大家都会意外地马上聚到餐桌前，也许大家都考虑到我的感受吧！

在童子军[1]和爬山社团的活动中，我习惯了准备做饭的东西，比起在帐篷边，在厨房当然更方便。

---

1 译者注：童子军主要是指在野外，以锻炼身体和精神为目的，注重培养孩子的自主性、协调性、社会性、独立性以及领导能力的活动，活动内容包括技能训练、社交活动、日行一善等素质训练，还有一些救援等奉献活动。

这样说有些自恋,但在我的旧电脑的日记上还保留着那一年半每周一次的菜单。

这些菜单的灵感来源于很多东西,有读过的小说,有灵光一现的结果。

用可乐煮鸡翅,用黄油炒切片苹果,用生菜包着吃热沙拉等等。

看着那些菜单,很怀念地想起那些日子。

大学毕业后，我工作了，开始了独自生活。不过，每到周末还是要回家。每次，妈妈都把饭菜准备好，仿佛是理所当然的事。这种感觉真好！

因为我是伴随着幸福的饭桌长大的，所以我想我的孩子们也能拥有同样的经历。

在孩子们的成长记忆中，如果也包含了我做过的那总计七十次左右的晚饭就更好了。

用美味的饭菜建立起来的纽带很坚固。

孩子们的相册里留着各种各样的回忆。

晚饭前,妻子不在厨房,而是在客厅问:"饭还没好吗?"有时想起来,会觉得很特别。

虽然没有留下那些日子我做饭的照片,但是对我而言也是很特别的回忆。

但正因为有那种稍微奇怪的感觉，才会变成奢侈的回忆。

现在，家里只有我和妻子两个人，却难得在一起吃饭。因为工作或别的什么事情，我们各自吃晚饭的时候居多。

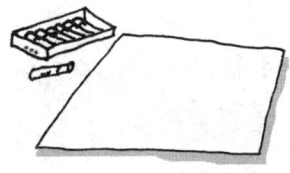

如果你被要求"请画一下家里的饭桌"的话，脑海中会浮现出什么样的吃饭场景呢？

04 相信

海钓被困一夜的女儿最后是否等到父亲来救自己?

因为那是很久以前听别人说的故事，所以可能记忆并不准确。

天气很好，所以不由得有些忘乎所以了。

父亲和女儿开着休闲的小游艇去海钓。

等回过神的时候，船已经漂到了很远的地方。

钓得心满意足,准备回去。打开引擎时却发现启动不了。

试了好几遍,但引擎还是没有反应。

父亲在想办法,船在漂动。

看到女儿不安的脸,父亲试着安慰她。

因为经常来这片海,所以陆地在哪个方向,水往哪里流,父亲心里都有数。

已经是傍晚了,很快天就会黑。

因为是小船,所以没有带求救工具。

"我一定会回来接你的。不用担心,海浪也很平静,这艘船是安全的,你安静地等着!"

他下定决心,对女儿这么说……

说完父亲就离开船游了出去。

对自己的游泳技术和体力很自信,所以没有不安。

只是一边想着一个人在海上等着的女儿,一边游着。

因为是逆流,所以游到岸上比想象中花了更长的时间。

搜救活动需要等到第二天天亮以后才能开始。

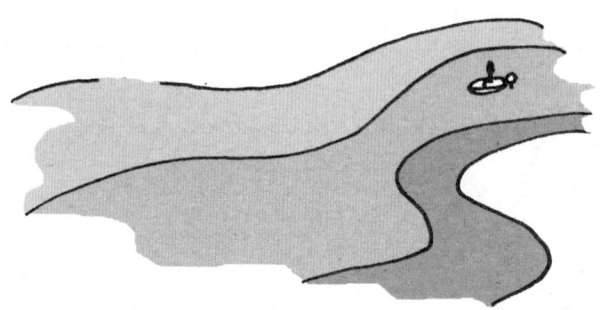

虽然船比想象中漂得更远了,但因为父亲的信息准确,第二天上午就找到了女儿。

很多人纷纷对被救助的女儿说："很害怕吧，你真坚强！"

听到那个回答，很多人发出惊讶的声音。

可是她却回答："一点也不担心，爸爸说过乖乖地等着的话，他肯定会来接我的。"

谁都想要信任。
可是因为无法全然信任，所以会陷入不安。

在完全漆黑的夜晚的汪洋大海上,只能听着海浪声,但还是坚信父亲的诺言而等待着的女儿,真令人感动。

我也想为养育了这样一个女儿的父母喝彩。

经常听到有人发牢骚:"到底要相信什么才好?"

我重新认识到能否相信,并非是由对方决定的,这是自己的事。

相信他人的能力也是在日常的养育中培养起来的吧!

虽然说得简单,但怎么做才能成为那样的人呢?

相信自己,相信某个人,相信明天,相信未来。

05 告知的时候

到了常年离家的父亲该履行职责的时候了。

收到老朋友发来的邮件,问能不能占用点我的时间。

说是有新奇的事想要咨询,所以我们约了个时间。

他有两个儿子,二儿子已经33岁了。

最近,老二突然跟他们说:"对象已经有孩子了,所以要结婚。顺便想跟对象去见见她的父母。"

他开始说:"想要问你两件事,一件嘛,虽然是好事……"

二儿子18岁时就去做工匠的徒弟,现在独立出来,雇了两个人一起工作。

他说了这样老套的话。

虽然离孩子出生还有几个月,但东北地区出身的她说想在老家生产。

双方会面后得知,女方母亲早逝,现在家里只有父亲和姐妹三人,她是长女。

"事实上,最近有个熟人头胎回娘家生,结果就没再回来,然后离婚了。是有这样的事吧?"

这么一说,我想起来最近在咨询室中,接待了一位三十岁出头的男性,他说了完全一样的内容。

"大儿子 36 岁,还是单身,和我们一起住……"

"虽然他是个很认真的人,但已经换了三次工作,现在这个工作是第四个了。"

他说:"喜事后面说这个,有点抱歉,可……"

他们谈到他一家四口聚在一起聊天开家庭会议,在记忆中好像已经二十几年都没有过了。

他本人大学毕业后，在一家纤维相关的大型公司上班。

他再就业的公司退休时间是60岁。

但后来他被长期派驻外地的子公司工作，在儿子们 15～25 岁期间，他单身赴任去了。

好不容易回了总部，可很快他遭遇了裁员。

这时候，他还没有到退休年龄，没法领到养老金，还是得继续找个工作。经过很长一段时间的努力，他总算再就业成功，这家公司退休的年龄规定是60岁。

开家庭会议时，正值他失业在家，只能领着短期发放的雇佣保险金。

大儿子重新开始工作,忙着接受公司的新人培训。

但是在上班时,他时不时地头痛发作,于是注意力分散,犯错不断,变得很焦虑。

在街上看到"心疗内科"[1]的广告牌,大儿子试着去就诊,被诊断为"轻度抑郁"。于是,他决定辞职。将自己的诊断书邮寄给公司之后,他打电话表明了自己辞职的意思。

---

1 译者注:日本的心疗内科虽然与精神科看诊内容有重叠的部分,但两者并不相同。心疗内科接待的是那些由于心理和社会的原因而产生了如头疼、胃疼或有倦怠感等躯体症状的患者。

大儿子感觉到身体异样后，立刻用他自己的方式来处理，包括就诊、辞职。说不上哪里有问题，但总觉得这个过程有点不妥当。

一般来说，如果有人遇到这样的情况，总会先去跟一个知心人交流，听听他的意见吧。

关于诊断结果，我无法判断。但因为焦虑就去看心理医生，然后以邮寄诊断书的方式辞职，这给人的感觉多少有些唐突。

也许无法说他做错了，不过，他作为成年人，在处理事情的慎重度，或者说考虑问题的周到程度上，确实有欠缺。

父母都是大学毕业，但两个儿子都做了不上大学的决定，这种情况也确实很罕见。

大儿子高中毕业后，没有选择升学，而是按照自己的意愿，决定去工作。

大儿子上班的第一家公司破产了，第二家公司因为不景气，把高中学历的员工裁掉了。

一边听着他的话,我一边可以想到从 18 岁开始就独自在努力的小儿子有多辛苦。

大儿子的工作不稳定,好像没法长久地干一份工作。这样,有段时间,父子俩同时失业,只能待在家里。

我脑海里浮现了这样一个青年的模样:青春期,父亲一直缺席,在辛苦忙碌的母亲的教育下,尽量不给任何人添麻烦,一个人默默努力。

然后他们在家庭会议上,第一次将自己的事情在家人面前坦率地说出来。

那样说完以后,他笑着擦拭了眼泪。

后记

最开始知道团士郎先生的漫画丛书《树荫物语》是 2015 年秋在中国台湾举办的"亚洲灾后心理援助学会"的会场上。当时漫画被翻译成英文展出。因受语言限制，我对那时展出的漫画作品没有留下特别深刻的印象。

随着时间的逝去，当我对《树荫物语》的记忆有些模糊时，因缘际会，2019 年夏天，在苏州"第七届中国表达艺术国际学术研讨会"前夕，我有幸与当时的前辈一同翻译了《树荫物语》中的 6 个作品，其中有 5 个作品也都收录在了本次即将出版的丛书中。

团先生的漫画记录了他多年从事心理临床工作时（家庭治疗·家庭心理治疗方向）遇到和听到的家庭故事，以及发生在他自己身上的故事。有些讲述亲子关系，有些谈夫妻相处的话题，还有些讨论生病需要帮助的家庭。团先生在其中时而扮演旁观者，时而作为故事的主人公登场，不同的家庭关系，不同的家庭状况，有着别样的真实，部分内容可能读起来还有些晦涩难懂，但又很耐人寻味，引人深思。

即使过去了两年，但我依然记得 2019 年展出的某个作品中饱含"那份力量"的一句话："不是因为他/她是能干的，才被称之为家人。"我想这句话非常好地概括了家庭和家人的意义。家庭不是企业，不是学校，不会给你考核和评级。受伤、生病或失败的时刻，家庭依然还是以那个平淡却包容的模样在迎接着你，"这是一种有着很多软弱和做不到，但也不会崩塌的力量"。我相信着那份力量——坚定勇敢。

因为在日留学，我深切感受过中日文化的差异。所以在开始翻译前，我有过一丝担心：团先生笔下的这些家庭会不会让中国的读者无法找到共鸣，毕竟这是距离我们无论在时间还是空间上都很遥远的家庭。但随着翻译准备工作的进行，读完了那些家庭故事，我就彻底放心了。我发现哪怕隔着岁月和山海，但家人间的羁绊却是相似和可想象的。不善言辞但疼爱孩子的父亲，辛苦育儿但孤立无援的母亲，子欲养而亲不待的遗憾，为子女计深远的天下父母心，亘古不变的子女教育难题，有些也许就在我们身上真实发生着，有些我们可能听身边的人讲起过，它们完全不陌生。

这是我首次翻译漫画书，翻译过程中深感自身词汇的匮乏和积累的不足，幸好有翻译同伴刘强的反复检查确认、导师吉沅洪老师的耐心指导以及编辑刘佳老师的细心修订，在此表示感谢。翻译中仍有许多不满意和不完善的地方，希望得到大家的指正。

陈婷婷
写于一个布满橘色霞光的夏季傍晚